Nuestra escuela es como una familia
Our School is Like A Family

Jackie Chappell
Traducido por Arnhilda Badí

ROURKE PUBLISHING
www.rourkeclassroom.com

Nuestra directora es la líder de la escuela. Ella hace que la escuela sea un lugar mejor para aprender.

Our principal is the leader of the school. She makes the school a better place to learn.

Nuestra maestra nos escucha cuando leemos.

Our teacher listens to us read.

auxiliar de la cafetería
lunchroom lady

Nuestra auxiliar de la cafetería prepara sabrosas comidas para que comamos.

Our lunchroom lady makes good meals for us to eat.

El custodio de nuestra escuela deja todo muy limpio y ordenado.

Our custodian keeps things neat and clean.

Nuestra maestra de música nos ayuda a aprender canciones.

Our music teacher helps us learn songs.

Nuestra maestra de arte nos enseña a pintar.

Our art teacher shows us how to paint.

Nuestra bibliotecaria tiene muchos libros para que podamos leer.

Our librarian has lots of books for us to read.

Nuestro oficial de seguridad observa cuidadosamente el comportamiento de los estudiantes.

Our school resource officer keeps a careful watch over our students.

Nuestros voluntarios nos ayudan a aprender a sumar.

Our volunteers help us learn to add.

Nuestro entrenador nos enseña a jugar en equipo.

Our coach teaches us team sports.

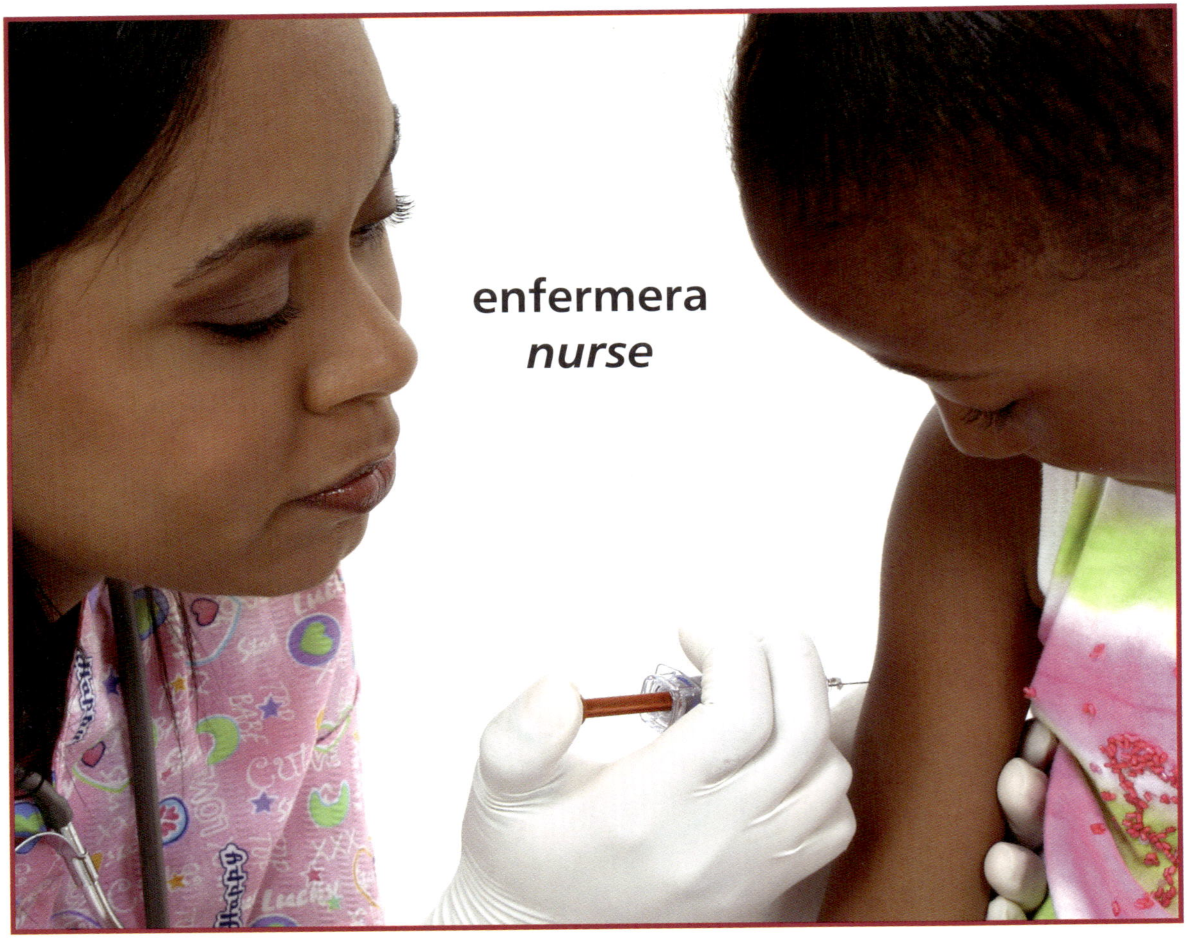

Nuestra enfermera nos cuida cuando estamos enfermos.

Our school nurse takes care of us when we are sick.

Nuestra secretaria contesta los teléfonos y les da la bienvenida a los visitantes.

Our secretary answers the phones and greets guests.

conductor de autobús
school bus driver

Nuestro conductor de autobús nos lleva a la casa con seguridad cada día.

Our school bus driver takes us safely home each day.

Nuestros guardias de cruce escolar nos protegen del tráfico.

Our crossing guards protect us from the traffic.

Nuestra escuela es como una familia. En una familia todos trabajamos unidos.

Our school is like a family. In a family everyone works together.